Inversiones Seguras y Rentables: Oro, Plata, Empresas e Inmuebles

Herman Vincent

Copyright 2018 de Herman Vincent

Derechos Reservados.
Ninguna parte de este libro puede ser reproducida en cualquier forma sin permiso escrito del autor. Pasajes breves pueden ser citados solo para fines de revisión.

Declaración
Aunque al momento de la impresión, el autor y editor han hecho todo el esfuerzo posible para asegurarse que la información en este libro sea correcta, el autor y editor no asumen ninguna responsabilidad y quedan exentos de cualquier responsabilidad por perdida, dado o problema ocasionado por errores u omisiones, ya sea que tales errores u omisiones sean el resultado de negligencia, accidente o cualquier otra causa.

Este libro no es intencionado como un sustituto para la recomendación médica de doctores. El lector debe consultar un doctor regularmente en cuanto a los asuntos relacionados con su salud, y particularmente, con respecto a cualquier síntoma que pueda requerir diagnostico o atención médica.

Los puntos de vista expresados son únicamente del autor y no deben ser considerados como instrucciones ni ordenes de un experto. El lector es responsable por sus propias acciones.

La adhesión a todas las leyes y regulaciones aplicables, incluyendo internacionales, federales, estatales y de gobierno de licencia profesional local, las prácticas comerciales, la publicidad y todos los demás aspectos de hacer negocios en los Estados Unidos, Canadá, o cualquier otra jurisdicción, es responsabilidad exclusiva del comprador o lector.

Ni el autor ni la casa editorial asumen ninguna responsabilidad u obligación legal alguna en nombre del comprador o lector de este material.
Cualquier percepción de alguna ofensa a cualquier individuo u organización es completamente no intencionada.

Tabla De Contenidos

Introducción

Capítulo 1: Mentalidad De Inversión

Capítulo 2: Introducción A Inversiones En Oro Y Plata

Capítulo 3: Conozca Al Oro

Capítulo 4: Conozca A La Plata

Capítulo 5: Comience A Invertir

Capítulo 6: Su Futuro Junto Al Oro Y La Plata

Capítulo 7: Introducción A Inversiones Empresariales

Capítulo 8: Ventajas Y Desventajas De Invertir En Empresas

Capítulo 9: Pros Y Contras De Invertir En Diferentes Tipos De Empresas

Capítulo 10: El Primer Paso Es Conocer

Capítulo 11: Las Fórmulas Doradas

Capítulo 12: La Teoría META

Capítulo 13: Descubriendo El Paso Secreto

Capítulo 14: Consejos Indispensables Y Comprobados

Capítulo 15: Factores Externos Que Limitan Su ROI

Capítulo 16: La Acción Es Más Fuerte Que La Intención

Capítulo 17: La Mentalidad Exitosa Del Que Invierte En Propiedades Inmobiliarias

Capítulo 18: Bases Para Invertir En Bienes Raíces

Capítulo 19: ¿Qué Son Las Inversiones En Bienes Raíces Y Por Qué Deberíamos Hacerlas?

Capítulo 20: Entendiendo El Juego De Invertir En Inmobiliaria

Capítulo 21: Dos Boletos Dorados Para Ganar Dinero Invirtiendo En Propiedades: Rentabilidad De Alquiler

Capítulo 22: Dos Boletos Dorados Para Ganar Dinero Invirtiendo En Propiedades: Plusvalías

Capítulo 23: El Juego De Inversión Inmobiliaria: Selección De Propiedad Y Financiamiento

Capítulo 24: Cómo Comenzar Su Plan De Inversión

Capítulo 25: Invirtiendo Estratégicamente (Accionistas Y Valores Clave)

Capítulo 26: Las Ventajas De Las Inversiones Inmobiliarias

Capítulo 27: Los Riesgos De Las Inversiones Inmobiliarias

Capítulo 28: Invierta ya con I.N.V.E.S.T.

Capítulo 29: Conclusión - Cómo Ser Económicamente Libre

Prefacio

Antes de que comience a leer lo que podría cambiar su vida y la de su familia, sólo quiero agradecerle por comprar este libro. Como autor, es un gran honor, y mi única esperanza es que encuentre la información y motivación que está buscando. Espero que su inversión de tiempo y dinero valgan la pena.

También quiero pedirle una cosa sencilla, pero muy importante para mí:

Si le gustó lo que leyó, por favor escriba una reseña honesta en Amazon. Vaya a la página del libro (donde lo compró), desplácese hacia abajo, hasta la sección de reseñas, y escriba qué pensó del libro y dele una calificación. Amazon jerarquiza los libros publicados en el sitio y las reseñas de los usuarios son una parte muy importante de este proceso, así que cualquier comentario que pueda dar importa, y si es positivo, ¡mucho mejor!

Gracias una vez más, ¡y continúe!

Introducción

¡Bienvenido al libro para generar riqueza! ¡Al comenzar a leer esto, entra usted en el camino hacia una vida de libertad financiera!

Este texto fue creado para inversores que tienen poco conocimiento pero que están listos para invertir su dinero. Pretende aumentar su conocimiento para que sepa cómo utilizar los diferentes tipos de vehículos de inversión disponibles en el mercado y crear ingresos pasivos que le ayudarán a alcanzar un fortalecimiento y libertad económica.

Sin importar cuál sea su situación -si trabaja para alguien o para usted mismo-, hay algo para usted en las páginas que siguen. Para inversores más experimentados, estaremos refiriéndonos a algunos riesgos comunes que han venido enfrentando.

Hablaremos sobre:

- Inversiones en oro y plata
- Inversiones en negocios y empresas en marcha

- Inversiones en inmuebles (bienes raíces o real state, en ingles)

¿Por qué estas?

Porque así es como la mayoría de las riquezas en América han sido generadas, y porque siempre han sido los vehículos de inversión con los mejores y más seguros ingresos.

¿Qué hay de las criptomonedas?

Compre mi libro *"Inversion en Criptomonedaspara Principiantes: Bitcoin, Ethereum y el Futuro del Dinero"* si quiere aprender más sobre ellas.

¿Y de la bolsa de valores?

Eso lo dejaremos para mi siguiente libro, merece un texto completo para entenderla y valorarla en sí misma.

¡Empecemos!

Capítulo 1: Mentalidad de Inversión

Antes de continuar, necesitamos tener la mentalidad correcta para incrementar las probabilidades de alcanzar los resultados deseados.

Mentalidad #1: Las oportunidades abundan

Debemos funcionar con base en una mentalidad de abundancia, no una de escasez. La primera mentalidad dicta que las oportunidades están en todos lados, así que no nos debemos obsesionar con una sola oportunidad… o cuando la perdemos.

Así, funcionaremos con coraje y seguridad propia, y no miedo. El miedo nace de una mentalidad de escasez y nos habla, desde nuestra propia cabeza, de esta forma:

"Si no invierto en esta oportunidad, jamás habrá otro chance tan bueno como éste. Invertiré todo lo que tenga".

Esa forma de pensar cierra su mente a otras oportunidades que podrían estar a simple vista. También hace que invierta irracionalmente.

Una mentalidad de abundancia fortalece la mente, sin importar su situación económica. Incluso en los tiempos financieros más difíciles, usted resistirá e identificará nuevas oportunidades.

Mentalidad #2: Nunca deje de aprender

Si no está creciendo, está muriendo, así que nunca pare de aprender. Las 3 palabras más peligrosas para cualquier inversor novato y aquellos que ya están en el juego son: "Ya lo sé". Son peligrosas porque bloquean cualquier aprendizaje futuro que podría influenciar los resultados de sus inversiones. Manténgase en el presente y tenga una mente abierta cuando de invertir se trate, en especial en nuevos negocios, y siga superándose a sí mismo.

Mentalidad #3: Adáptese al cambio

Para tener una mente fuerte para invertir, debemos adaptarnos. Invertir es jugar en un mercado que cambia constantemente. Lo que funciona hoy, podría no ser aplicable o relevante mañana.

Mentalidad #4: Diversifique para alcanzar éxito a largo plazo

La fuerza está en los números, y al invertir es imprudente meter todos sus huevos en una canasta, sin importar cuán lucrativo parezca. Diversifique su cartera de valores siempre que pueda, incluyendo diferentes industrias y vehículos de inversión. Así podrá crear una barrera o red de seguridad en caso de que un portafolio no funcione o choque contra mercados volátiles.

Mentalidad #5: Altas intenciones, lazos estrechos

Tenga intenciones de salir con éxito e invertir razonablemente, y no se encariñe con sus éxitos o fracasos. En mi experiencia, he visto a inversores veteranos cometer el error de principiante de concentrarse demasiado en sus inversiones fallidas. Tanto así, que han tenido miedo de hacer su siguiente movimiento en los negocios.

Esto ha hecho que dejaran pasar oportunidades de inversión que igual generaron ingresos sin que ellos estuviesen presentes. Así que no se deje afectar mucho por sus éxitos y fracasos. Manténgase en el presente.

En los próximos capítulos, cubriremos los 3 vehículos de inversión: el oro y plata, negocios y empresas, y propiedades (bienes raíces). También hablaremos sobre el costo mínimo para comenzar a invertir en cada vehículo.

Al finalizar este libro, podrá identificar qué tipo de inversión funcionará mejor para usted, considerando su presupuesto y situación actual. Sabrá cómo jugar el juego de las inversiones de forma inteligente, y cómo maximizar sus ingresos mientras minimiza los riesgos.

Pero primero, una advertencia: las referencias que aparecen a continuación tienen propósitos únicamente informativos. No deben ser tomadas como instrucciones para invertir. Busque a un profesional licenciado para obtener asesoría financiera.

Mi abogado dice que debo informarle sobre esto, así que, por favor, antes de dar el primer paso, consulte a un profesional para informarse sobre todo lo relacionado a sus inversiones y los riesgos que vienen con ellas. Ha sido advertido.

Ahora, ¡comencemos!

Capítulo 2: Introducción a Inversiones en Oro y Plata

Bienvenido al primer vehículo de inversión. Permítame presentarle al oro y la plata, ¡la inversión en metales preciosos!

Usted se estará preguntando: ¿por qué oro?, ¿por qué plata?, ¿por qué no jades, rubíes o diamantes?

Piense en esta situación: hace 25 años, podía comprar hasta 1.5kg de pan por $1. Ahora, ¡no puede comprar ni 0.5kg de pan por el mismo precio!

¿Qué ocurrió aquí? ¿Subió el precio del pan? ¿El valor del dinero disminuyó?

¿Qué tiene que ver esto con invertir en oro o plata, pregunta? Pues que mientras todo esto ocurre, ¡estos dos metales aumentan en valor!

¿Cómo?

Mucho invierten en oro y plata por su valor, su procedencia, los procesos de extracción e incluso su relación con monedas fiduciarias (monedas legales cuyo valor está respaldado por el gobierno que la emite). Estos son algunos de los factores que afectarán sus precios tanto hoy como mañana.

Debe recordar que ésta es una inversión a largo plazo y que le asegurará riquezas estables. Para invertir en oro y plata necesitará dedicación y un presupuesto desde $18 hasta $500,000.

Capítulo 3: Conozca el Oro

Existe una pregunta sobre el oro: "¿Qué hace de este metal brillante algo tan precioso que ha comenzado guerras y arruinado dinastías?".

Bueno, la respuesta está en sus características inigualables. Una de ellas es su durabilidad. Es virtualmente indestructible, escaso, dúctil y, simplemente, hermoso.

A pesar de sus rasgos estéticos y físicos, existe otro factor importante que impulsa el valor del oro: su origen. El más aparente es la actividad misma de minarlo, la única forma conocida de producirlo. No es posible crear oro puro en un laboratorio o con una imprenta. Por ello, la oferta de oro depende únicamente de la minería.

Estudios han mostrado que las reservas de oro se han estado agotando las últimas 4 décadas. Ahora es más difícil encontrar nuevos depósitos, así que para quienes quieran preservar sus riquezas: invertir en oro es la mejor forma de retener su fortuna.

Además, la producción de oro tiene un costo tremendo: su refinación y envío a los usuarios finales.

¿Sabía que el costo promedio de producción de 1oz de oro es de hasta $1,000? ¡Eso ya indica su precio!

El segundo origen del oro se conoce como oro reciclado. Estudios revelan que aproximadamente un 35% de nuestro oro se origina de esta forma.

¿Recuerda que el oro es virtualmente indestructible? Esto quiere decir que puede reusarse en muchas formas y tamaños distintos. Asimismo, mientras más altos sean los precios del oro, más oro reciclado habrá en oferta.

Ésta es una cita de un estudio: *"...todo el oro que se ha minado sigue en existencia y puede encontrarse en un estado casi perfecto, en una forma u otra, como la joyería, o las láminas de oro y otros..."*

La cantidad de oro recolectada para la construcción de nuestros dispositivos electrónicos, por ejemplo, se incluye en este origen. La habilidad de ser reciclado y reutilizado varias veces mantiene el valor intrínseco del oro.

Los dones de la inversión en oro

¡Aquí es donde la cosa se pone interesante! Cubriremos las razones principales por las que debería invertir en oro.

"El gran mérito del oro es, precisamente, que es escaso; que su cantidad es limitada por la madre naturaleza; que es costoso de descubrir, de minar y de procesar; y que no puede ser creado por fíat o capricho político".

Esta frase dice por qué al oro se le considera extremadamente valioso en el reino financiero. Estudios demuestran que existen 3 razones por las que debería invertir en oro.

La razón más famosa, y que impera sobre el tiempo, es que **el oro va en contra de la inflación.**

Los economistas nos informan que la inflación ocurre cuando se emite demasiado dinero para cubrir pocos bienes. El incremento en los precios ocasiona la disminución del valor de la moneda.

Estudios muestran que desde el año 1973 hasta el 2011, el precio del oro incrementó desde $106.72 por onza, hasta $1,900 por onza. ¡Eso es un incremento de 1,775%! Tome nota de cómo el valor del oro incrementa a pesar de que el dinero cae. ¿Cómo ocurre esto?

Verá, el dinero puede ser impreso por gobiernos. No muestra rastros de escasez. Esto ocasiona una inundación de liquidez dentro de los estándares financieros.

Sin embargo, las propiedades físicas del oro pueden impulsar una apreciación más fuerte de precios en tiempos de inflación. Esto, inevitablemente, compensa el impacto negativo de un aumento en el Índice de Precios Al consumidor (IPC).

Analistas predicen que los precios del oro podrían duplicarse hasta $4,000 por onza si ocurre una hiperinflación. Cuando esto pase, el oro podría ser la única forma de preservar sus riquezas.

Por eso es que el oro es una fuerte cobertura contra la inflación.

La segunda razón es que **el oro se aprecia con el tiempo.**

¿Recuerda que el oro es indestructible y que prácticamente no existe desperdicio del mismo? Pregúntese, ¿alguna vez ha escuchado de alguien que deseche su oro? Yo no.

La mayoría del oro que está a nuestro alrededor, en la forma de joyería o monedas, se encuentra en las reservas de bancos centrales o en la bóveda de su vecino.

Las industrias mineras de oro no han podido cumplir con las demandas del metal; el número de inversores en joyería y oro está aumentando cada vez más.

Los depósitos de oro que se están agotando ocasionan un incremento considerable en el precio del oro. Esto obliga al metal a cumplir el papel de estabilizador de nuestras riquezas. No es afectado por las políticas financieras de ningún país, a diferencia del dinero.

Solo es afectado por la oferta y demanda a nivel mundial. Durante el Diwali, por ejemplo, habrá un incremento en la demanda de oro en India. ¡Verá un aumento en su demanda y en sus precios durante ese cuatrimestre del año!

Por último, **el oro es su guardián financiero.**

Anteriormente se le dijo cómo el oro prácticamente no tiene riesgo de impago. Los inversores inteligentes están al tanto de que el oro tiene valor intrínseco y es una reserva de valor en sí mismo.

Por lo tanto, cualquier forma de inversión relacionada con efectivo, como fondos líquidos, van hacia el oro. Esto impulsa su precio hacia otro aumento consecutivo.

Estudios demostraron que, durante la crisis mexicana de 1995, el oro incrementó en un 107% en menos de 3 meses. Ocurrió lo mismo durante la crisis del rublo ruso en 1998: ¡ocasionó un incremento de 307% en los precios del oro en 8 meses!

Por esto es que la mayoría de los inversores recurren al oro. Se está convirtiendo en su seguro contra economías en caída, gobiernos que gastan en exceso, y sus propias inestabilidades económicas.

Además, lo más hermoso del oro está en su neutralidad. Estudios han mostrado cómo el oro no se relaciona positiva o negativamente con otros activos.

Esto hace que la correlación entre el oro y dichos activos prácticamente no tenga consecuencias.

Tipos de inversión en oro

Ahora que conoce los beneficios del oro, ¡exploremos los tipos de oro con los que puede comenzar su inversión!

Existen 2 tipos disponibles de inversión en oro; oro físico y oro en papel. En las inversiones en oro físico, usted se queda con el oro en sí; con el oro en papel, no.

Los negocios hechos con oro físico se realizan a través de monedas y lingotes de oro. Exploremos las inversiones de este tipo.

En primer lugar, las monedas de oro. Son una de las formas disponibles de oro más convenientes y portátiles.

Existen varias opciones de monedas de oro para obtener. Sin embargo, se recomienda que compre monedas verificadas internacionales, con 99.99% de pureza. Las monedas de esta marca se reconocen instantáneamente y circulan alrededor el mundo entero por la uniformidad de su contenido de oro.

Algunas de las monedas más utilizadas en negocios son la US Gold Eagle, US American Buffalo, South African Krugerrand y la Canadian Maple Leaf. Las monedas a color, como la Colorized Australian Gold Monkey Coin y la Colorized Gold Lunar Year of the Rooster, también están disponibles.

Para el momento en el que se escribió esto, el precio de una onza de monedas de oro es de $1,356. Cada una de las monedas de oro deberían contener 1 onza Troy de contenido de oro, pero como el oro puro es ligeramente suave, algunas de ellas pesan más de una onza. Por ello, a algunas de las monedas se les hacen más robustas a través de aleaciones.

¿Dónde debería buscar monedas de oro? La mayoría están disponibles en cualquier joyería distinguida cerca de usted. Asegúrese de buscarlas en línea, en caso de que tengan sus propios sitios web.

Otro lugar para conseguirlas son los bancos. Muchos ofrecen las monedas contrastadas mencionadas anteriormente.

También están los comerciantes de oro físico. Están disponibles en línea y en mercados tradicionales. Sin embargo, es imperativo que se asegure de su confiabilidad y reputación antes de hacer negocios con ellos.

Otra inversión de oro viene en la forma de lingotes. Veamos esta opción más de cerca.

Viene en una amplia gama de formas y tamaños, y comprar al por mayor nos ahorrará mucho dinero en comparación a la compra de monedas de oro. Asimismo, viene en varios pesos, desde 1 onza hasta 100 y 400 onzas Troy.

Existen 2 tipos de lingotes de oro; de molde y acuñados. Con los primeros, el oro se calienta hasta que llega a un estado líquido, y se vierte sobre moldes de varios tamaños y pesos.

Los lingotes de molde retienen su originalidad porque ninguno será igual a otro debido a las irregularidades que tendrá cuando se licúe. También es poco costoso ya que el proceso para moldear una barra es mínimo, pero no son tan atractivas ya que su diseño es rústico y minimalista.

Por el otro lado, los lingotes acuñados son barras de molde que se pulieron, limpiaron y secaron. Estos lingotes tienen detalles intrincados en ellos y son de gran valor entre inversores. Su popularidad garantiza vendedores, así como ingresos para su inversión.

Sin embargo, las barras acuñadas vienen con recargos que contribuyen a su elevado precio. Además, este tipo de lingote vienen en su propio paquete y abrirlo puede devaluarlas.

Sin importar qué opción elija, es necesario que compre sus lingotes contrastados, con 99.99% de pureza. Las barras recomendadas son Australian Perth Mint, Pamp Suise, Credit Suisse y Johnson Matthey.

Estos son los precios para barras de molde y acuñadas en el momento en que se investigaron (2017): un lingote de molde cuesta alrededor de $1,274.25 por onza Troy; uno acuñado, $1,293.20 por onza Troy.

Como las monedas de oro, existen varios lugares certificados en los que puede comprar sus lingotes de oro. Joyerías, bancos y comerciantes de oro físico.

A continuación, cubriremos una de las inversiones en oro en papel, la transferencia electrónica de fondos (ETF, en inglés) de oro. El punto más importante de esta inversión es que no necesita tener el oro en sus manos; solo contratos.

Veamos más de cerca a los ETF de oro.

A pesar del aumento del activo, el objetivo del ETF es rastrear este aumento y nunca sobrepasarlo. Usted está comprando una forma de artículo, un contrato, que encapsula al oro. Es una inversión diseñada solo para monitorear y reflejar el precio del dinero.

Pero, ¿qué beneficios tiene?

¿Recuerda que el oro está en contra de la inflación? Si una de sus inversiones se ve afectada por la caída del dólar, comprar un ETF de oro podría amortiguar esa pérdida. Además, es una forma sencilla de invertir en la industria minera de oro en caso de que esté interesado.

Sin embargo, el lado negativo de los ETF de oro es que, si usted busca poseer un activo de oro, no puede hacerlo a través de un ETF. No recibirá el oro en sí por sus fondos; solo dinero.

Algunos de los ETF más populares son SPDR Gold Shares y iShares Gold Trust. El primero tiene hasta 9,800,000 acciones con un índice de gastos de 0.40%; el segundo tiene hasta 8,900,000 acciones y un índice de gastos de 0.25%.

A pesar de esto, se recomienda que invierta en oro físico en lugar de oro en papel. Las inversiones en oro en papel requieren conocimiento adicional de acciones y fondos.

Y es que aunque están relacionadas con las inversiones en oro y plata, su naturaleza pertenece al mundo de la bolsa de valores. Si usted no tiene las habilidades necesarias, evite invertir en oro en papel. Esto es porque los ETF de oro conllevan suposiciones cuestionables con sus ganancias, que podrían representar un riesgo para la integridad de su inversión.

Capítulo 4: Conozca La Plata

¡Es hora de que conozca a la plata!

Al igual que el oro, la plata es un metal precioso con características flexibles y un origen reconocido.

A pesar de la poca apreciación que recibe la plata, ésta es más versátil que el oro en términos de uso, variedad, y aplicaciones comerciales e industriales.

Investigaciones demuestran que la plata sigue siendo el mejor conductor eléctrico conocido para el hombre. Es uno de los metales más maleables y dúctiles. También es un excelente conductor térmico, y tiene la mayor reflectividad y sensibilidad a la luz. ¡Eso explica su uso en los paneles solares!

Durante las últimas 3 décadas, se ha forzado la producción minera de plata hasta un punto en el que no se puede satisfacer la demanda mundial. 90% de las industrias mineras de plata pura ya han pasado por bancarrotas.

Estudios muestran que, a diferencia del oro, el 80% de la plata es un derivado de diferentes metales comunes, como el cobre, el plomo y el zinc.

A muchas minerías de plata pura se les recomienda no aumentar la producción de su mercancía por miedo a agotar la plata. Así que han puesto sus ojos en los metales ya mencionados.

Ésta es una de las únicas formas de mantener la demanda de plata. Ahora su producción depende de la minería de otros metales.

¿Cómo esto aprecia a la plata? Pues el mundo se está quedando sin ella, así que es, idealmente, ¡más valiosa que el oro!

Las ventajas de invertir en plata

¿Por qué consideraría invertir en plata si ya tiene oro? En este apartado, las ventajas de este metal desatarán su interés en él.

Las necesidades de la industria ponen a la plata en el tope de la cadena de demandas de metales.

Estudios han demostrado que la demanda de plata aumentó a lo largo de los años, particularmente en los mercados asiáticos.

China está clasificada como uno de los países que más usa plata. Este incremento se debe a la demanda positiva en varios campos industriales. Tiene una gran presencia en el negocio de la tecnología.

La demanda de dispositivos electrónicos como el iPhone, y equipos Samsung o HTC, por ejemplo, son una de las razones principales por las que se busca plata. Nuestra alta dependencia de teléfonos móviles, hornos y neveras, genera cada semana cientos de aplicaciones patentadas para productos que contienen plata

¡Sí, la plata es lo que está a cargo de tus dispositivos portátiles!

El incremento de la búsqueda tecnológica está drenando las reservas de plata. No será sorpresa para usted que la plata sea más escasa cada año, situación que mantiene la rareza del metal.

¿Sabía usted que la demanda de plata sobrepasó su oferta hace más de 30 años? La distancia entre la oferta y la demanda está creciendo cada vez más, dejando poca plata de la que se puedan generar ganancias.

En otras palabras, aunque la plata es un metal industrial, los inversores inteligentes la ven como una oportunidad. Saben con certeza que la plata es más rara e importante que el acaparado oro.

Investigaciones demostraron que durante los años '50, la plata podía satisfacer 100 meses de demanda global para la época; después de 55 años, ¡podía satisfacer menos de 6 meses! Eso es una gran demanda.

Tipos de inversión en plata

Exploremos los tipos de inversión en plata que están allí afuera.

Al igual que con el oro, existen 2 tipos de inversión en plata: plata física y plata en papel.

La plata física, por supuesto, puede tenerla en sus manos, pero no es así con la plata en papel. El primer tipo de inversión es determinado por la cantidad de monedas y lingotes de plata que posee.

Las monedas de plata son una de las más pequeñas y comunes formas de invertir en plata física. No requieren mucha evaluación, lo que las convierte en una de las formas más móviles y convenientes de invertir en este metal.

Existe una gran variedad de monedas de plata en las que puede invertir, pero se recomienda que compre únicamente monedas internacionales contrastadas, con 99.99% de pureza. Son, sin lugar a dudas, instantáneamente reconocibles y circulan alrededor de todo el mundo.

Algunas de las monedas en las que más se invierte son la US Silver Eagle, Canadian Maple Leaf y la Australian Perth Mint, entre otras. Esta última se divide en múltiples series, como las series Koala y Lunar. Monedas a color, como la British Silver Britannia y la Canadian Proof Silver Batman vs Superman, también están disponibles en el mercado.

El precio de una onza de monedas de plata, para el momento en que se escribió esto, es de $18.25. Cada una de estas monedas contiene una onza Troy de contenido de plata.

¿Dónde puede buscar monedas de plata? La mayoría están disponibles en cualquier joyería distinguida. Si se topa con sus sitios web o información de contacto, será mejor que se comunique con ellos e investigue antes de negociar.

También puede encontrarlas en bancos. Casi todos ofrecen monedas de plata contrastadas y certificadas.

Y, finalmente, están los comerciantes de plata física. Están disponibles en línea y en mercados tradicionales. Sin embargo, recuerde asegurarse de su confiabilidad y reputación antes de hacer negocios con ellos.

Otra forma de inversión en plata física son los lingotes de plata. Vienen en múltiples formas y tamaños, y comprarlos al por mayor nos ahorrará más dinero que si compráramos monedas de oro. Además, están disponibles en pesos desde 1 onza Troy hasta 10, 100 e incluso 1000 onzas.

Pese a que 1000 onzas Troy de lingotes de plata es una cantidad estándar en el mercado, generalmente no son aptas para inversiones físicas. Aunque cada lingote haya sido contrastado y estampado con su peso y pureza, casi todos pueden tener un margen de variación de hasta 10%.

Los compradores, a veces, exigirán que sean analizadas y usualmente traen recargos por spot bajos en comparación a las monedas de plata.

Existen 2 tipos de lingotes de plata: barras de molde y acuñadas.

Como con las de oro, las primeras son hechas en moldes. El metal se caliente hasta volverse líquido y se vierte en moldes de varios tamaños y pesos. Es, de igual forma, menos costoso por su proceso y diseño minimalistas.

Los lingotes acuñados, sin embargo, requieren de un extenso proceso de producción. Son valiosos entre los inversores por los detalles complejos que tienen, pero traen recargos y algunos vienen en paquetes únicos. Recuerde: abrirlos puede devaluarlos.

Sin importar qué elija, es necesario que compre lingotes de plata reconocidos y contrastados, con 99.99% de pureza. Las barras recomendadas son Royal Canadian Mint, Johnson Matthey, Engelhard y Perth Mint.

Estos son los precios para barras de molde y acuñadas en el momento en que se investigaron:

(2017) un lingote de molde cuesta alrededor de $20.09 por onza Troy; uno acuñado, $21.82 por onza Troy.

Existen varios lugares certificados en los que puede comprar sus propias barras de plata: joyerías, bancos y comerciantes de plata física.

Continuemos con las inversiones con plata en papel. Existen varias de este tipo en el mercado, pero, al igual que con el oro, solo cubriremos una de las más solicitadas: los ETF de plata.

Estos son una forma de fondos de inversión que se intercambian en la bolsa de valores. Los fondos generan ganancias pasivamente dependiendo del desempeño del activo que, en este caso, es la plata.

Como los de oro, los ETF de plata se utilizan solamente para rastrear sus incrementos y nunca para sobrepasarlos.

Usted está comprando un artículo, un contrato que encapsula a la plata. Es una inversión diseñada solo para monitorear y reflejar el precio de ésta.

Un ETF de plata popular es el iShares Silver Trust, que viene hasta 700,000 acciones con un índice de gastos de hasta 0.50%.

La desventaja de estos ETF es que, en caso de querer poseer un activo de plata, no lo puede obtener a través del ETF. No recibirá la plata en sí por sus fondos, sino solo dinero.

Por esto, se recomienda invertir en plata física y no en papel. Las inversiones en plata en papel requieren conocimientos adicionales del reino financiero, acciones y fondos.

Aunque es parte de una inversión en metales preciosos, su verdadera fuerza está en la bolsa de valores. Si no posee estas habilidades, evite la plata en papel. Esto se debe a que los ETF de plata conllevan suposiciones cuestionables con sus ganancias, que podrían representar un riesgo para la integridad del comerciante o inversor.

Capítulo 5: Comience a Invertir

¡Ahora es momento de que empiece a invertir! Esta guía paso por paso está diseñada específicamente para usted y sus necesidades de inversiones. Le ayudará a elegir la forma de inversión correcta y a obtener esos ingresos pasivos que siempre quiso del oro la plata.

Hay 4 simples pasos para que comience sus inversiones en metales precios. Sí, solo 4. ¡Comencemos!

El primero: paso "I". Identificación.

Todo ingreso pasivo viene una serie de selecciones extensas, pero todo depende de sus necesidades. ¿Qué es lo que usted, no alguien más, realmente necesita para crear la riqueza que desea?

Saber cuál es su necesidad es crucial para el proceso de identificación. ¿Está interesado en oro o plata? Entonces, la siguiente pregunta sería: ¿por qué? Las respuestas yacen en los requisitos de su tipo de inversión preferido.

Para comprender su necesidad, tendremos que recapitular en lo que hemos aprendido sobre inversiones en oro y plata en los capítulos anteriores.

El oro es reconocido por su fuerza ante la inflación. También se aprecia con el pasar del tiempo y actúa como su guardián financiero. La plata tiene una demanda positiva constante en varios campos de la industria y cada año es más escasa, lo que asegura su rareza.

Cubriremos el tipo de inversión disponible para cada metal, pero no consideraremos las inversiones en papeles.

Las inversiones en metal físico son aquellas en las que los inversores poseen los metales como tal; monedas y lingotes. Tanto las monedas de oro como las de plata incluyen monedas de metal puro y hasta monedas a color. También existen los lingotes de molde y acuñados de cada metal. Los primeros son minimalistas en comparación a los últimos; su costo de producción es mucho menor que el de las barras acuñadas así que tienen primas menores con las que comenzar.

Otro factor que debe identificar es dónde pondrá sus monedas o lingotes del metal que elija. Puede guardarlas en una bóveda profesional o su propia bóveda privada. Algunos prefieren la primera opción porque así, el metal mantendrá su precio de reventa íntegro, cosa que no ocurre al almacenarlo en una bóveda privada. Si guardarlo en su propiedad representa mucho trabajo para usted, no lo haga.

Sin embargo, hay un dicho sobre el oro: "si no puede guardarlo, no es suyo". Si es partidario de esta frase, significa que se siente cómodo con sus metales a su lado. Si es así, adelante, hágalo.

El segundo paso: "C". Calcular. Ahora debe evaluar sus ingresos potenciales y el costo que hará falta para obtenerlos, pero hay factores que considerar antes de calcular el precio de su inversión.

En primer lugar, está el mercado. Hay 2 tipos de precios de mercado que tomar en cuenta, el precio de compra y el precio de venta. El primero es el precio actual de la compra del metal en cierto momento. Por otra parte, el segundo es el costo del metal durante el período en el que se decidió venderlo.

Hay varios componentes que afectan estos precios, como sus primas, la comisión del comerciante o su valor agregado. Estos metales deben ser acuñados, comercializados y distribuidos. Estos costos se denominan primas, y usualmente representan un pequeño porcentaje por encima del precio en el mercado.

No hay implicación de impuestos por la compra de metales físicos. En su venta, sin embargo, sí. Así que, si los vende por más de lo que los compró, tendrá que pagar impuestos.

¡Momento de calcular! En el oro físico, tenemos monedas y lingotes. El precio en el mercado por moneda de oro es de $1,322.82/oz; por lingotes de molde y acuñados, $1,274.25/oz y $1,293.50/oz, respectivamente.

El precio en el mercado de las monedas de plata es de $18.25/oz; y por lingotes de molde y acuñados, $20.09/oz y $21.82/oz, respectivamente.

Ahora, a calcular su presupuesto. Es un cálculo simple. Tan solo fije un presupuesto límite para sus inversiones en metales.

Por ejemplo, si apartó $5,500.00 para invertir en metales, y eligió lingotes acuñados de oro como su tipo de inversión, compare el precio de compra actual con su presupuesto.

Entonces, estas barras cuestan $1,293.20 por onza. Con un presupuesto de $5,500.00, puede invertir en hasta 4 onzas de lingotes acuñados de oro. Si quiere aprovechar su presupuesto completamente, también puede invertir los $327.20 restantes en plata. Simple, ¿no?

¿No sabe en qué tipo de metal invertir? ¡Regrese al paso "I" y decida! También puede optar por quedarse el resto de su dinero. Es su decisión.

Los últimos dos pasos de este vehículo de inversión comprenden analizar (paso "A") sus elecciones y no buscarlas lejos (Paso "N").

Establezcamos algunos posibles escenarios de sus decisiones.

Primero, identificó su decisión de elegir oro. ¿Por qué? Porque aprendió que tiene características valiosas que podrían incrementar sus ingresos pasivos en un futuro. Tiene la certeza que la inflación está en subida y que la única forma de superar su inestabilidad financiera es invirtiendo en oro.

Durante sus cálculos, apartó una generosa cantidad para hacer un presupuesto para invertir. Decidió invertir sus $5,500.00 en lingotes de oro acuñados. ¡Su precio de compra en el mercado le permitió darse el lujo de comprar 4 barras!

Se podría dar otro escenario en el que decidió invertir en plata.

Identificó a la plata como su mejor forma de aumentar sus ganancias pasivas. ¿Por qué? Porque se dio cuenta de cómo el mercado manipula a una gran variedad de industrias gracias a su demanda y a que se está agotando su oferta, lo que estabiliza su rareza. Está subiendo en proporciones tremendas en comparación al oro.

Al hacer sus cálculos, se dio cuenta de que necesita un pequeño presupuesto para invertir en plata. Decidió invertir $1,000.00 en lingotes de plata de molde y, gracias a su precio de venta en el mercado, ¡pudo hasta 40 barras!

Ahora que estableció sus decisiones basándose en los pasos "I", "C" y "A", es hora de buscar el lugar en el que comenzará su inversión con el último paso, el "N". No debe alejarse de su entorno cercano para encontrar sus opciones de compra.

Gran parte de los metales físicos mencionados en este vehículo están disponibles en mercados tradicionales y en línea.

Los tradicionales son tiendas de joyería, tiendas de acuñación privada y bancos. Debería investigar un poco para encontrar el que le quede más cerca.

Recuerde, algunos establecimientos y bancos podrían tener precios de compra diferentes gracias a sus primas respectivas. Siempre y cuando esto no interrumpa su presupuesto inicial, estará cubierto.

Los mercados en línea, por otro lado, consisten en comerciantes de metales físicos. Si está en sus listas de envíos, puede comprar su mercancía en cualquier momento. Es más fácil comprar en línea ya que los servicios son instantáneos, pero éste es un medio altamente propenso a estafas.

¿Qué está esperando? ¡Salga y compre su primer metal!

Capítulo 6: Su Futuro Junto al Oro y la Plata

Finalmente, ¿qué futuro le espera? Oro y plata.

Después de todo esto, debe estar preguntándose: el oro y la plata son inversiones a largo plazo... ¿tendré que estar aferrado a estos metales por siempre?

La respuesta simple es que no. Llegará el momento en el que tendrá que venderlos, pero ese momento no es ahora. Así que, si ya convirtió su dinero fíat a oro o plata, quédese con ellos. Cuando una moneda se devalúa, los costos de los bienes y servicios aumentarán, junto a sus metales preciosos. Así ha sido en el pasado y, con toda seguridad, así será de nuevo. La historia se repetirá.

Cuando lo haga, el valor del oro y la plata será revaluado y pasará a las líneas vanguardia de su campo de batalla financiero.

Lo que más importa para su vida económica es el flujo constante de sus ingresos pasivos, pero recuerde que al final no serán los artículos, las acciones, propiedades, inversiones en negocios, o en oro y plata, lo que le harán rico y libre financieramente.

Esto lo hará su conocimiento sobre las inversiones que hizo. Su origen, su comportamiento, patrones, trucos particulares y, especialmente, cómo actúa sobre estos elementos para maximizar sus riquezas.

Recuerde: *"No debe hacer lo que los inversores le digan que haga, sino lo que los inversores hacen."*

Por ello es que estos pasos fueron diseñados especialmente para que usted haga lo que los inversores inteligentes han estado haciendo con el oro y la plata.

La estructura general de las inversiones en oro y plata puede resumirse en el acrónimo "I-C-A-N", que en inglés significa "¡yo puedo!". Es fácil "pensar" que quiere comenzar a invertir, pero "actuar" sobre ese pensamiento es lo que detiene hasta al más increíble pensador.

No se permita ser esa persona. Dígase a usted mismo "¡yo puedo!"

Capítulo 7: Introducción a Inversiones Empresariales

Los negocios y empresas son un vehículo de inversión.

¿Está en una etapa en la que está cansado de trabajar para ganar dinero, y querría que su dinero trabajara por usted?

En esta parte del libro, hablaremos del vehículo de inversión que son los negocios, un vehículo que está levemente sesgado hacia inversiones a mediano y largo plazo.

¿Está listo para ganar más dinero y dejar de solo sobrevivir?

Para comenzar su viaje como un inversor de negocios, necesitará un costo de inversión mínimo de $5,000. Si no tiene suficiente dinero, se recomienda encarecidamente seguir los pasos en otros capítulos, relacionados con inversiones a corto y largo plazo, porque es importante comenzar desde abajo, ¡pero comenzar ya!

Si está listo, ¡empecemos!

Salir de la "carrera de ratas" nunca es fácil, pero tampoco imposible. Estará libre financieramente cuando sus ingresos pasivos sean más altos que sus gastos. Un buen ejemplo de esto es un empleado corporativo con un gran salario: ¿acaso su oportunidad de salir de la "carrera de ratas" será mayor?

La respuesta es "NO NECESARIAMENTE".

Esto se debe a que cuando nuestros ingresos son altos, nuestros gastos también lo son. Por ejemplo, al comprar ropa de marca y manejar autos caros, entre otras cosas. Es más difícil tener ganancias pasivas que cubran esos gastos.

Así que este capítulo será una buena guía para que genere altos ingresos pasivos, junto a los ahorros que ya tiene, ¡y con un esfuerzo mínimo!

Posiblemente ha escuchado a alguien decir: "¡Si quiere ser millonario, funde una compañía!".

La razón principal por la que la gente comienza sus empresas es para tener ingresos ilimitados (a diferencia de salarios básicos). Esto es cierto, pero no se dan cuenta de que no tienen la libertad para disfrutar su vida ya que la empresa suele consumirlos en vez de liberarlos.

Existen 3 pasos cruciales para invertir en el negocio correcto, ser económicamente libre y aprovechar su tiempo con las personas que realmente importan. Pero antes de adentrarnos en ellos, identifiquemos cuáles son los tipos de empresas en los que podemos invertir.

Hay franquicias, tecnología o software, emprendimientos, consorcios, centros comerciales, agricultura y más.

Capítulo 8: Ventajas y Desventajas de Invertir en Empresas

Si invertir en industrias trae tantas recompensas, ¿por qué no lo está haciendo todo el mundo? ¿Por qué no somos todos millonarios? Hablemos sobre los pros y contras de invertir en compañías. La seguridad y la incertidumbre,

Existen dos tipos principales de inversión en negocios: los que ya existen y los emprendimientos, lo que están comenzando.

Los pros y contras de las compañías existentes:

- Tiene más probabilidades de recibir Retorno de la Inversión (ROI, en inglés)
- Poseen registros de ventas que le ayudará a medir el crecimiento potencial de la empresa
- Gran parte del trabajo inicial ya fue hecho ya que el negocio está en funcionamiento
- El mercado para el producto o servicio que estará vendiendo ya está establecido

- Suele ser más fácil conseguir financiación porque el negocio ya tiene una trayectoria establecida
- Tiende a tener consumidores fijos, lo que representa un ingreso confiable y una red de contactos concreta
- Seguramente tiene un plan empresarial y una estrategia de marketing implementada
- Muchos de los problemas que encuentran las industrias al comenzar ya ocurrieron y fueron resueltos

Las desventajas de invertir en negocios ya existentes son:

- No tiene control sobre la operación y dirección de la compañía
- Generalmente, se necesita de una gran cantidad de dinero para invertir
- Tendrá que considerar contadores, abogados y otros gastos en su presupuesto
- Podría tener que renegociar u honrar otros contractos que ya haya hecho el propietario actual

Ahora, hablemos sobre los pros y contras de invertir en emprendimientos, o negocios que apenas están comenzando.

Las ventajas de invertir en industrias nacientes son:

- Puede desligarse de las tendencias del mercado al diversificar. Si un emprendimiento tiene potencial para ayudarle a generar más dinero a largo plazo, igual será una buena inversión
- Las probabilidades de crecimientos potenciales para un emprendimiento son mayores

Las desventajas de invertir en estos negocios son:

- Estas compañías tienen un riesgo mayor de no generar ingresos si las comparamos con empresas establecidas. Esto es porque no tienen un branding concreto ni redes de contactos, lo que significa menos -o nada- de ganancias al comienzo
- Ausencia de recursos o capital con el que desarrollar la empresa. Ésta es, posiblemente, la principal razón por la que necesitan de

inversores como usted para impulsar el negocio

En el siguiente capítulo discutiremos detalladamente los pros y contras de diferentes tipos de negocio.

¿Está listo para ganar más dinero y dejar de solo sobrevivir?

Capítulo 9: Pros y Contras de Invertir en Diferentes Tipos de Empresas

Antes de invertir su dinero en una empresa, debe conocer los pros y contras de cada tipo de negocio:

Las ventajas de invertir en una franquicia son:

- El entrenamiento y orientación profesional ya están construidos, solo debe contratar personal que lo gestione por usted
- El negocio está automatizado y tiene indicaciones paso a paso
- Hay financiamiento disponible y tendrá una imagen clara de sus ingresos. Y esto es lo que busca, ¡ingresos estables!
- Acceso a otras franquicias para obtener ayuda e ideas

Las desventajas de invertir en estas empresas son:

- Los límites operacionales siempre existirán, ya sean geográficos, financieros, relacionados con vendedores, entre otros

- Es una industria limitada, así que podría no haber muchas opciones en regiones geográficas específicas
- Debe pagar regalías

Las ventajas de invertir en una empresa tecnológica:

- Es más lucrativa que otros negocios

Las desventajas:

- Requiere una gran cantidad de capital. Los costos de entrada son considerablemente altos, así que es de esperar que el Retorno de la Inversión a corto plazo sea bajo

En los próximos capítulos discutiremos los 5 pasos para invertir en empresas.

Capítulo 10: El Primer Paso es Conocer

En el capítulo anterior hablamos sobre los beneficios y riesgos potenciales de invertir en ciertos tipos de negocio. Ahora, contemplemos el paso #1 para invertir en una empresa.

Paso 1 – Parte 1: Identifique e investigue sobre el tipo de industria que le interesa.

Elija un negocio que le interesa y en el que, además, confíe.

¿Por qué? Porque cuando se interesa por un negocio en el que está invirtiendo, tomará la iniciativa de investigarlo antes de invertir su dinero. Si invierte sus fondos en una empresa cualquiera, que no haya investigado, lo más probable es que se vayan por el drenaje. Si no controla y administra su dinero, alguien más lo hará.

Después de identificar la industria en la que invertirá, investigue su pasado. Revise el registro fiscal de los últimos 5 años, las declaraciones financieras anuales, cifras de ventas, margen de ingresos, número de empleados y porcentaje de Retorno de Inversión.

Cómo hacer esto, entendiéndolo, y entendiendo las razones para cada documento analizado, lo cual se explicará a continuación:

Investigación – Creando Nuevos Conocimientos

Paso 1 – Parte 2: Ya identificó lo que le interesa de cierto negocio en el que quiere invertir, ahora veamos si está listo para hacerlo.

¿Es importante revisar el pasado de la compañía antes de invertir? ¡Sí, definitivamente!

Discutiremos 3 elementos cruciales que debe considerar antes de invertir en cualquier empresa:

- Declaraciones financieras anuales

Se emplean para separar beneficios, activos, flujo de caja y Retorno de Inversión para que, como inversor, pueda tener una imagen clara del estado económico de la compañía.

Esto le permite evitar jergas financieras incomprensibles y le ayuda a entender las entradas en la cuenta financiera de mejor forma. Las declaraciones son influenciadas por estimaciones y juicios de la Gerencia.

Dicho esto, la imprecisión inherente de los procesos de contaduría significa que un inversor prudente debería acercarse inquisitiva y escépticamente al análisis de la situación financiera de un negocio.

- Ventas anuales / ingresos

El ingreso bruto representa el total de los contratos de ventas, mientras que el ingreso refleja la cantidad cobrada al cliente en un momento determinado.

Es importante distinguir al ingreso bruto de las cifras de ventas como tal en negocios en los que existan múltiples fuentes de ganancias, incluyendo ventas, intereses y otros procedimientos.

Los ingresos le permiten conocer las necesidades de mercado referentes al producto de la empresa en la que invertirá.

- Costos de operación (OPEX, en inglés)

Los costos de operación son cargos en los que se incurre al involucrarse en cualquier actividad y pueden no estar directamente asociados con la producción de bienes o servicios. Es importante conocer tanto los ingresos como los costos de operación. Entonces, podrá identificar las ganancias netas y si la empresa está ganando o perdiendo dinero.

¿Es el negocio rentable a largo plazo? ¿Podrá hacer más dinero del que invirtió?

En el próximo capítulo le enseñaremos fórmulas importantes que le ayudarán a hacer decisiones inteligentes para invertir en la empresa que desee.

Capítulo 11: Las Fórmulas Doradas

En el capítulo previo hablamos sobre identificar las áreas de interés en empresas en las que invertir, y cuáles son las cosas que debemos investigar antes de utilizar nuestro dinero.

Ahora, continuemos hacia el segundo paso de invertir en un negocio: ¡las Fórmulas Doradas para alcanzar ingresos pasivos!

Paso 2: Las Fórmulas Doradas

Fórmula #1:
Un Múltiplo es la Métrica de Desempeño A sobre la Métrica de Desempeño B. Un múltiplo se puede utilizar para mostrar qué tan valiosa es una empresa en el mercado.

Por ejemplo, usando la relación "P/E". Si planea invertir su dinero en una compañía, debe saber cómo le está yendo, o cuánto ha estado ganando la compañía en los últimos años.

El precio de la compañía se puede estimar multiplicando sus ingresos anuales por un multiplicador de 12. Son cálculos simples, pero esta fórmula da solo una estimación aproximada del valor del negocio.

Pero utilizar la fórmula "EV/EBITDA" nos daría un resultado más preciso. Ésta se utiliza para calcular el flujo de caja de una compañía o negocio.

La relación "EV - ingresos antes de intereses e impuestos (EBIT, en inglés)", también conocida como EV/EBITDA, se utiliza en compañías con menos volumen de capital y con baja depreciación y costos de amortización. Todos los múltiplos actúan como una cifra singular que los analistas pueden multiplicar por una métrica financiera y así determinar el valor relativo.

Con la fórmula "EV/EBITDA", podrá hacer comparaciones entre usted y los competidores que estén haciendo negocios similares.

Después de realizar la evaluación, tome nota de los ingresos y flujos de caja de la compañía.

Fórmula #2:
Ganancias = Ingresos - Costos operacionales

Muchos se confunden con esta jerga económica. Si planea invertir en una empresa, lo primero que debería estar haciendo es observar sus ganancias: ¿está ganando o perdiendo dinero?

Han existido casos en los que los inversores se distrajeron por las cifras de los ingresos. Olvidaron que, para calcular las ganancias, deben tomar en cuenta los costos operacionales en los que incurrió la empresa.

¿Puede una compañía tener muchísimos ingresos y, a la vez, perder dinero? ¡SÍ, ES POSIBLE! Esto ocurren especialmente cuando los costos operacionales del negocio son mayores a los ingresos.

Por ejemplo: los ingresos del negocio en el que invertirá son de $100 millones, pero los costos de operación, de $150 millones. Las ganancias son negativas; ¿es el negocio rentable? ¡Por supuesto que no!

El negocio no es rentable y no es el tipo de empresa en la que usted debería estar invirtiendo su dinero.

¿Por qué ganancias y no ingresos?

Porque las ganancias son la base de la compañía; si sus ventas anuales o ingresos son altos pero la ganancia es baja, entonces la empresa no es rentable y nadie debería invertir en un negocio no rentable.

Fórmula #3:
El flujo de caja reina; el flujo de caja POSITIVO. Éste se puede calcular de dos formas.

La primera es sustrayendo las ventas no líquidas de la suma de los ingresos de la operación y los costos no líquidos, y después dividir el resultado entre los ingresos de la operación.

Otra forma es restando los costos no líquidos de la suma del ingreso neto y los costos no líquidos, y dividir el resultado entre el ingreso neto de la operación.

Como inversor inteligente, solamente debe comprar o invertir en una empresa que le ayude a generar más dinero. El flujo de caja positivo es lo que está buscando, porque éste reina. Un negocio con un flujo de caja próspero es como un ganso de oro que pondrá huevos de oro para usted.

Piénselo de esta forma: si una compañía en la que está a punto de invertir no tiene un flujo de caja positivo, ¿cree que podrá obtener un retorno de su inversión? Será riesgoso y existe la probabilidad de que no reciba el retorno que espera.

Fórmula #4:
Retorno de Inversión (ROI, en inglés).

Éste es el segundo paso de la evaluación del negocio. Existen dos métricas empleadas para determinar el Retorno de Inversión.

Escenario #1: Para el negocio.
El negocio en sí ya es una inversión. Para cerciorarse de que el negocio en el que invertirá está generando dinero y manteniendo un flujo de caja positivo, tendrá que determinar su ROI en un período de al menos 2-5 años.

¿Cómo lo hacemos?

Debe identificar los ingresos totales y los costos del negocio. El ROI de la empresa se puede calcular sustrayendo el costo en que incurre la compañía para operar óptima y eficientemente de los ingresos totales del año después lo divide entre el costo total que identificó previamente y multiplica el resultado.

Ése es el ROI de la compañía.

El Retorno de Inversión es equivalente a la división del ingreso neto de un negocio entre el monto total de dinero invertido en el "proyecto", multiplicada por 100. Con "proyecto", nos referimos a los aportes de otros inversores.

Por ejemplo, si gastaron $100,000 para abrir una compañía de publicidad digital y generan un ingreso neto de $15,000 al año, su ROI se calcula: $15,000 / $100,000 x 100 = 15%.

Cuando se calcula el ROI, las inversiones incluirán no solo lo que el inversor gastó de su propio bolsillo, sino todos los préstamos. En el ejemplo provisto, los inversores podrían haber utilizado $60,000 propios y $40,000 en préstamos.

Debe estar preguntándose por qué necesita dos formas de calcular el Retorno de Inversiones. Tiene sentido pensar que solo necesita saber el ROI del negocio, pero un verdadero ganador contemplará la posibilidad de que cuando el ROI de la compañía sea alto, entonces también lo será el del dinero que invirtió. La pregunta es, ¿qué tan alto?

Escenario #2: Para usted, comúnmente conocido como el Retorno de Capital (ROE, en inglés).

Como inversor, debe conocer el retorno potencial antes de emplear su dinero. Nunca invierta en una compañía cuyo ROI sea de menos de 5%. ¿Qué diferencia al ROI del negocio del ROI personal?

Véalo de esta forma: si el ROI del negocio en el que invirtió es de 6%, ¿significa que su ROE también es de 6%? Puede calcularlo dividiendo los ingresos netos entre el capital del inversionista, y multiplicando el resultado por 100.

En el ejemplo anterior, el propietario de la empresa de publicidad digital tiene una participación accionaria de $60,000 en el negocio. Así que su ROE es $15,000 / $60,000 x 100 = 25%.

Esto significa que, por cada dólar invertido, se ganaron 25 centavos. El ROI de 15%, por otro lado, significa que, por cada dólar de activos y préstamos combinados que se invirtió, el negocio ganó un promedio de 15 centavos. Un ROI de 8-10% es ideal.

Cuando la inversión está financiada totalmente por capital propio y no se involucran préstamos, el capital y el monto total invertido son iguales. En estos casos, el ROI y el ROE también son idénticos.

Sin embargo, cuando existe un préstamo o inversor de por medio, el ROE será mayor de lo que habría sido sin el préstamo si la ganancia adicional generada por éste excede sus costos de interés.

Asuma que invierte $60,000 y abre una compañía de publicidad digital de baja escala que generará una ganancia de $12,000 anuales. O puede pedir un préstamo de $40,000 y abrir una lavandería mucho más grande que generará una ganancia de $19,000.

Debería pedir préstamos para crear compañías más grandes si los costos de interés de estos son menores a una ganancia adicional de $7,000 hecha posible por los mismos préstamos. Si es así, su ROE crecerá.

En el próximo capítulo discutiremos el tercer paso para invertir en empresas. En éste revelaremos los costos de la inversión y cómo sacar ventaja de lo que ya está utilizando.

Capítulo 12: La Teoría META

En los módulos anterior conversamos sobre los pasos 1 y 2 para invertir en empresas. Ahora, ¡vayamos al tercero!

Paso 3: Crear una estrategia

¿Tiene lo que hace falta para invertir en cualquier tipo de compañía en el mundo? ¡Dentro de 10 segundos conocerá la Teoría META para invertir en cualquier negocio que quiera!

La Teoría M.E.T.A.:

- Money (Dinero)
- Energy (Energía)
- Time (Tiempo)
- Action Taker (Acción)

META es el costo de TODAS las inversiones.

¿Cómo? La "M" en META representa al dinero. Seamos honestos, no podemos invertir cuando no tenemos dinero, por lo que dedicamos todo un módulo a cómo generar el capital necesario para invertir.

¿Cuánto dinero es suficiente cuando hablamos de invertir en una industria?

El costo inicial sería de al menos $5,000. Estos $5,000 no deberían ser utilizados para otra cosa que no sea invertir. Habiendo dicho esto, invertir en empresas no debería ser una carga para usted o su familia. Su familia debería tener suficiente dinero para cubrir sus gastos cotidianos.

Si no tiene esta comodidad, le sugerimos que comience poco a poco. Opte por inversiones pequeñas como oro o plata, que representan una inversión estable y a largo plazo, pero con un ROI más bajo.

La "E" en META representa la energía. "¿Por qué esto es parte de cualquier inversión?", se preguntará.

La energía se define como la fuerza y vitalidad necesarias para cualquier actividad física o mental. También es el poder derivado de usar recursos físicos o químicos, particularmente para generar luz y calor, o trabajar con maquinaria.

Lo mismo aplica para cualquier inversión, incluyendo la creación de su propia empresa. La energía que invertirá dará como resultado el Retorno de Inversión, que sería la luz, el calor o máquina en cuestión.

La "T" en META representa al tiempo. Si tiene un trabajo a tiempo completo, es comprensible que el tiempo que dedique a sus inversiones sea limitado. Esto está perfectamente bien. Al generar riquezas, ¡el objetivo principal es crear múltiples fuentes de ingresos pasivos para que su dinero trabaje por usted!

En las inversiones, la gestión del tiempo es muy importante, sobre todo al invertir en negocios.

Como inversor, usted quiere saber qué tan bien le está yendo a su inversión.

Para lograr esto, debe monitorearla desde lejos al solicitar un reporte mensual de la compañía en la que invirtió. También puede visitarla para ver cómo está progresando. Le recomendamos ir una vez cada dos meses y tomar nota de cómo la empresa cambió desde la última vez que fue.

La "A" en META representa la acción. La acción dice más que las palabras. ¿Alguna vez escuchó "algo hecho es mejor que algo perfecto"? El prerequisito para cualquier inversión exitosa es actuar.

El miedo siempre estará presente; reconózcalo y SIGA ADELANTE. ¿Por qué y cómo esto afectará a la inversión? El cerebro humano está diseñado de tal forma que, cuando siente riesgos o cosas que no están equilibradas, se sintoniza automáticamente y envía señales en forma de voces que le dicen que no se arriesgue, incluso si ese riesgo puede traer crecimientos positivos.

Déjeme presentarle otra situación, esta vez con niños. Los niños perciben el mundo a través de sus 5 sentidos. ¿Están pensando? No realmente, solo están reuniendo información del mundo que podría ser útil en un futuro.

Acciones como gatear, comer, leer y comprender las cosas todavía son nuevas para ellos. Pero, ¿por qué la infancia es la etapa más rápida de todas? Porque sus cerebros no han desarrollado creencias desalentadoras que interrumpan su aprendizaje.

¿Se imagina si el bebé tuviese miedo de caerse? Nunca podría caminar. Lo mismo aplica para usted. En las inversiones de empresas, ¿es usted el niño, o es quien está lleno de pensamientos desmoralizadores?

Capítulo 13: Descubriendo el Paso Secreto

En los capítulos anteriores conversamos sobre los tres pasos de las inversiones de empresas. ¿Está preparando para llevar las cosas al siguiente nivel?

Contrate a un abogado para sus inversiones de negocios y hágale las importantes preguntas que le mostraremos en este capítulo.

En primer lugar, ¿qué hace un abogado? Un abogado es una persona elegida para representar a otra en asuntos legales y de negocios.

Entre las preguntas que debería considerar hacerle a su abogado están:

"¿Tiene experiencia conectando inversores con hombres de negocio como usted?" Pídale que la comparta con usted.

"¿Qué inconvenientes hicieron que el inversor rechazara la inversión?" Reflexione sobre la respuesta y sobre si usted está en la misma situación.

Si ve alguna señal de alarma que deba evitar, pida consejo a su abogado para resolver el problema.

"¿Tiene experiencia trabajando con otros negocios y sus inversores?", "¿Qué tan protegido estoy si demandan a la empresa?", "¿Qué pasa si la Gerencia toma decisiones o accede a ciertos términos con terceros después de que invertí en la empresa?", "¿Debo compartir el costo de los errores de otros?".

Éstas son preguntas esenciales, pero hay una PREGUNTA DEL MILLÓN que todo inversor debería hacer. ¿Está listo para saber cuáles son las preguntas más frecuentes hechas por inversores?

Si tiene más que suficiente para invertir y quiere que las cosas ocurran rápido, esto es lo que debería preguntarle a su abogado. También podría ayudarle a identificar la calidad del licenciado con el que está trabajando: ¿es el indicado para usted? ¿Está de su lado o del de la empresa?

- "¿Cuáles son las ventajas y desventajas de la inversión que estoy considerando hacer? ¿Cuánto dinero podría perder si la inversión sale mal?"

Conocer los riesgos potenciales del fracaso también es una oportunidad para que tome decisiones sabias y racionales. Suponga que la compañía que usted consideró como rentable, termina siendo menos valiosa de lo que pensaba. ¿Eso no dice algo de usted?

Espero que las preguntas planteadas en este capítulo le orienten y ayuden para cuando decida invertir.

Capítulo 14: Consejos Indispensables y Comprobados

Seguros.

Revise si la compañía adquirió algún seguro que pueda resguardar sus inversiones. Esto es crucial, ¿qué ocurre si la empresa en la que invirtió tiene algún accidente? ¿Afectará éste su retorno de inversión?

Puede que se sienta mal al solo pensar en el dinero, el ROI, pero es necesario. ¿Quién pondría dinero en una compañía que no genera ganancias, sino pérdidas?

¿Puede evitarse toda la situación en primer lugar? ¿Cómo? Adquiriendo un seguro para la empresa.

No se comprometa con cosas que puedan derrotarlo, especialmente cuando esas cosas pueden ser evitadas fácilmente.

Ubicación

El negocio en el que está invirtiendo, ¿funciona online u offline? Si es offline, ¿afectará la ubicación de la compañía a sus ventas? ¿Es accesible para la comunidad local? Si existe la posibilidad de visitar la compañía en la que invertirá, hágalo.

La oficina y su cultura

Si visita la oficina, acción altamente recomendada porque verá señales sobre el potencial de crecimiento de la compañía en la que invertirá, lo primero que debería observar es su cultura.

¿Tienen algún código de honor? ¿Misión, visión y metas similares?

Un código de honor es un conjunto de reglas con las que todos en la empresa están de acuerdo, comprometiéndolos a llevar la compañía hacia adelante.

Después de esto, dedíquese a conocer cómo funciona el negocio y hable con los empleados. Esto puede ayudarle a predecir el modelo de gestión de la empresa.

¿Está de acuerdo con que la fuerza está en la unidad?

¿Preferiría invertir en una compañía en la que la Gerencia toma todas las decisiones y no aprecia a un personal con excelente potencial O en una compañía que valora a quienes solucionan problemas de forma creativa y se divierten mientras lo hacen?

"Al final del día, lo que importa son los resultados". Usted puede pensar así, pero ¿no es mejor obtener esos mismos resultados y divertirse haciéndolo?

Así, el índice de reemplazo de personal se reducirá y la compañía no tendrá que gastar tiempo y dinero para entrenar a nuevos empleados todo el tiempo.

Pero ¿qué ocurre si no puede verificar toda la información que debe saber? ¿También dice esto algo sobre la compañía en la que quiere invertir?

Si la empresa no practica y cultiva claridad, ¿de verdad cree que saben lo que hacen? Si un marinero no sabe navegar, ¿cree que podría escapar de fuertes tormentas a tiempo?

Si la dirección de la compañía no se manifiesta claramente, ¿puede la empresa llegar lejos? La claridad es poder. Asegúrese de estar claro sobre cualquier cosa que esté haciendo o vaya a hacer.

Capítulo 15: Factores Externos que Limitan su ROI

En el último capítulo sobre inversiones en empresas, discutiremos los 5 aspectos a considerar antes de confirmar nuestra inversión en una compañía determinada.

El primero sería la automatización del negocio. ¿Por qué es esto importante? Nunca he visto una empresa exitosa que no estuviese automatizada. ¿Qué significa cuando una empresa no cumple con esta característica?

Lo opuesto a la automatización es la dependencia. ¿Invertiría en una empresa que depende totalmente de su jefe o gerente? Si el jefe decide retirarse de la empresa, ¿cree que ésta podría seguir funcionando sin problemas?

La compañía en la que planea invertir debería operar sin depender de nadie. Habiendo dicho esto, solo las decisiones más importantes deberían ser tomadas por el gerente o jefe.

El segundo aspecto es tener una lista completa de las deudas de la empresa.

Esto es importante porque las cifras del avalúo de la empresa pueden ser ajustadas para que le parezca atractivo invertir en ella. Con la lista de deudas, podrá saber de quién recibe y quién paga dinero la compañía.

¿Por qué le importa esto como inversor? Piénselo así: las ganancias pueden verse influenciadas por las deudas de la compañía, así que invierta en una con ganancias altas y deudas bajas.

El tercer aspecto es la identificación de a quién paga y de quién recibe dinero la empresa. Esta información también incluye las deudas. Si la compañía en la que invertirá está endeudada, pero tiene potencial para crecer y generar mucho dinero, no invierta en ella.

Endeudada y en préstamo son situaciones distintas. Es posible que una compañía con potencial esté operando bajo un préstamo, PERO, no si está endeudada. Las deudas y un volumen bajo de ventas son señales de que a la empresa no le está yendo tan bien como demostró su avalúo.

El cuarto aspecto son los contratos legales. Hay compañías en el mercado a las que les va bastante bien y están comprometidas con terceros a través de contratos legales. Al invertir, ¿también debe usted obedecer los términos y condiciones de los contratos?

¿Le traerá esto resultados positivos o negativos? Necesita de un abogado para resolver estos asuntos. Sí, puede que aumente el costo de su inversión, pero valdrá cada centavo porque estos factores externos terminarán por afectar su ROI.

El último aspecto será la reputación de la compañía y la relación del comprador con el vendedor. ¿Cómo la podemos conocer?

Ingrese al sitio web de la empresa, sus redes sociales o algún foro en línea para echar un vistazo a cómo la comunidad percibe a esa compañía en particular. Esto tiene un gran impacto en el Retorno de Inversión también, ya que la empresa solo puede ser rentable si a la comunidad le gustan sus productos y servicios.

¡Llegamos al final de las inversiones en empresas!

Capítulo 16: La Acción Es Más Fuerte Que La Intención

Sé que usted es uno de los pocos que está ansioso por el deseo de dominar el arte de las inversiónes. ¡Felicidades! ¡Deje que esa llama brille dentro de usted!

Lo que necesita ahora es simple: entrar en el juego. Empiece ahora mismo desde donde esté y con lo que tenga. Comenzar ahora es más importante que hacerlo perfectamente.

Recuerde, la "A" de META representa la ACCIÓN. Le mostraremos algo muy interesante a continuación.

10 puntos de acción para que ejecute en su proyecto de inversión:

- Rodéese de expertos e intercambie ideas con ellos
- Aleje a las excusas que se interponen entre usted y su libertad económica
- Aproveche al menos un día al mes para revisar el progreso de su inversión

- Practique paciencia y optimismo. ¡Convierta a sus obstáculos en oportunidades!
- Concéntrese en lo que tiene ahora y sea agradecido por ello. Una mente positiva atraerá cosas positivas a su vida
- Identifique las situaciones o personas negativas en su vida. Manténgase positivo
- Haga las cosas paso a paso. Conozca sus capacidades, fuerzas y debilidades
- Conozca las tendencias del mercado a través de las noticias. Existen factores externos que pueden afectar su retorno de inversión
- Saber cuándo comenzar y cuándo detenerse es muy importante. Cultive su intuición. ¿Cómo? ¡Siendo observador!
- ¡Respire hondo y dígase a usted mismo que ya tiene lo necesario para ser económicamente libre!

Capítulo 17: La Mentalidad Exitosa para Invertir en Propiedades Inmobiliarias

En este capítulo hablaremos sobre las inversiones en bienes raíces y le mostraremos los aspectos esenciales que necesita para invertir en su primera propiedad.

No importa si tiene poco o ningún conocimiento sobre inversiones en bienes raíces, o si ya es un inversor experimentado.

Al terminar este libro, tendrá a la mano un entendimiento detallado sobre las inversiones en propiedades inmobiliarias y sobre cómo mejorar lo que ya conoce.

Antes de empezar a invertir en propiedades, debe tener una mentalidad óptima. ¿Qué significa esto?

Significa tener la mente abierta, pensar positivamente y no quejarse después de tomar una decisión, sino asumir la responsabilidad de su elección.

Quejarse no le llevará a ninguna parte. Al mercado no le importan sus lamentos, porque siempre será eso, un mercado.

En los últimos años, los precios de las propiedades se han disparado al menos 30 veces de su valor inicial, con precios promedio de $300,000. Esto puede parecer imposible de alcanzar, en especial para aquellos que siguen en un trabajo de 9:00 a 5:00, viviendo de cheque en cheque. Así que deje de quejarse por ser un empleado; probablemente se deba a sus propias decisiones.

Pero si posee propiedades, ¿se quejaría de que los precios hayan subido hasta 30 veces en los últimos años?

Es de suponer que no, porque ya está ganando miles, o millones, con la apreciación del valor de la propiedad. Por tanto, podemos concluir que invertir en nosotros mismos será una de las mejores formas de cultivar la mentalidad correcta, antes de jugar a invertir en bienes raíces.

No vale la pena aprender 1,001 estrategias para invertir en propiedades si pensamos de la forma equivocada. Si se da cuenta, existen casos en los que alguien gana la lotería, pero pierde el dinero de la noche a la mañana debido a su forma de pensar y actuar. ¡Esto no lo puede resolver ninguna cantidad de dinero!

¿No está de acuerdo en que, para ser rico, primero hay que pensar como uno? Si quiere alcanzar la cima de la grandeza en las inversiones de bienes raíces, primero debe tener una mentalidad positiva.

Comprar propiedades inmobiliarias es, sin lugar a dudas, un proceso emocionante. Por esta razón usted también debería estar emocionado, ya que, ¿cómo puede invertir en algo en lo que no tiene interés alguno?

Esto es sumamente importante. Por ejemplo, si se sumerge en una inversión sin ese sentimiento de emoción o ansias, esto se verá reflejado en sus ganancias. A lo que sea que alcance le faltará una sensación de logro y, peor aún, sentirá que está siendo obligado a hacer algo que no le gusta.

Habiendo dicho esto, su mentalidad y actitud positiva debe sincronizarse con un plan estratégico previo a su inversión que determine formas de hacer que el negocio sea rentable para usted.

Las inversiones en bienes raíces son una aventura que da resultados de corto a largo plazo, así que con grandes inversiones vienen grandes necesidades monetarias. Con los precios promedio de propiedades promedio rondando los $300,000, necesitaría de al menos $50,000 para sacar adelante su inversión.

Muchos, que ni siquiera piensan internarlo, considerarán que generar $50k es algo imposible. Por esta razón, tener una estrategia para tomar decisiones significa que estará incrementando su eficiencia y efectividad al utilizar sus recursos, o sea, su tiempo, energía y dinero.

Si es el dueño de un negocio, busque formas de incrementar sus ventas y el valor de su negocio. Si es empleado, dé su 100% y encuentre formas de contribuir con la empresa, y de mejorarse a usted mismo.

Existen pasos simples para comenzar a acumular capital para inversiones futuras, que deberían ir de la mano con su planificación estratégica.

Estos se discutirán a fondo en los capítulos siguientes.

Recuerde: *"tiene que aprender nuevas formas de pensar antes de poder dominar una nueva forma de ser."* Marianne Williamson.

Capítulo 18: Bases para Invertir en Bienes Raíces

En este capítulo aprenderá las 5 bases fundamentales de las propiedades, estrategias que todo inversor de bienes raíces exitoso debe dominar.

La primera es Oportunidad vs. Problemas. Existen inversores que pueden proponer 100 problemas, pero ni una sola oportunidad. Por ejemplo, "Los inquilinos van a destruir mi propiedad" o "¿Qué pasa si pierdo mi trabajo y no puedo pagar el préstamo?". Ya sabemos a dónde va esto. Es cierto que a veces hay tantos obstáculos que identificar oportunidades es algo difícil.

Pero no deje que los inconvenientes nublen su visión y le impidan localizar las innumerables oportunidades que están a su disposición. De hecho, hay muchísimas oportunidades en el mercado en estos momentos, ¡suficientes para varias vidas!

La segunda es familiarizarse con los factores de un éxito rotundo: los fundamentos de sus inversiones en bienes raíces.

¿Qué queremos decir realmente con "bases" y "fundamentos"? Que serán la fundación de su conocimiento, algo indispensable y que debe entender antes de pasar al siguiente nivel.

Por ejemplo, debe entender inversiones en bienes raíces 1.0 antes de subir a inversiones en bienes raíces 2.0. El mismo principio se aplica aquí. ¡Los fundamentos son los factores que le llevarán de bien a mejor!

La segunda base es cuestionar todo lo que ve, ya que todo tiene una razón detrás de sí.

Siga preguntando porque así seguirá ganando conocimiento. Invertir en propiedades tiene sus propios riesgos y, a diferencia de otros vehículos de inversión, un error en este campo puede ser muy costoso de revertir. Es importante tomar decisiones correctas y bien informadas todo el tiempo, especialmente si usted es nuevo en este juego.

Ahora, discutamos la siguiente base: manejar sus dudas. Es importante tener claridad antes de comenzar a invertir porque sin ella, no podrá trabajar con confianza en usted mismo y estará lleno de incertidumbre.

En este tipo de inversión, debe tener un propósito claro y saber por qué lo está haciendo en primer lugar; no hacerlo sin rumbo y desperdiciar su tiempo, energía y recursos.

La base final es construir una riqueza inmensa y sostenible. Para ser un inversor de bienes raíces exitoso y estratégico, debe tener la meta final de generar una fortuna enorme y estable, porque si no es así, ¿cuál es el punto?

Ésta no es una forma negativa de pensar, ya que promueve una competencia sana entre los inversores. Sin embargo, el único problema que se puede asociar a esto es la codicia; hace que los inversores actúen irracional y apresuradamente al tomar sus decisiones.

Esto nos lleva a un nuevo término: sostenibilidad, eso que balancea las cosas cuando los inversores emprenden la búsqueda de una gran riqueza. Vivimos en un mundo lleno de dualidades, donde hay bondad, hay malicia; blanco y negro; día y noche. En las inversiones en bienes raíces, queremos fortunas enormes y, por lo tanto, debemos ser responsables y pensar en la sostenibilidad propia en el mercado global.

El balance es de suma importancia.

La sostenibilidad, en el contexto de las inversiones de propiedades, significa que la riqueza que construimos puede preservarse para que dure generaciones. Al invertir estratégicamente, no solo estará generando una fortuna, sino que también podrá mantenerla y hacer que resista el paso del tiempo.

Capítulo 19: ¿Qué son las Inversiones en Bienes Raíces y por qué deberíamos hacerlas?

Ahora que entendió lo que es una mentalidad correcta y las bases de las inversiones en propiedades, está listo para la siguiente parte: las razones para invertir en primer lugar.

Comencemos con lo básico. ¿Qué es una inversión en bienes raíces? Es la compra de una propiedad acompañada de la intención de ganar un retorno de inversión, ya sea través de pagos de alquiler - inquilinos que le pagan una renta mensual- o de la apreciación de la propiedad en sí, o ambas formas.

Una inversión en propiedades inmobiliarias puede ser a largo plazo o corto, en el caso del *flipping*: cuando la propiedad se compra, se remodela o renueva y se vende a un precio mayor.

¿Por qué debemos invertir? ¿Este tipo de inversión no es riesgosa? Por supuesto que lo es, pero déjeme decirle algo: ¡NO invertir es un riesgo aun mayor! Y con las recesiónesl, nace otro problema: ¡la inflación!

El costo de la vida siempre está aumentando y los artículos cotidianos importantes sufren una tasa inflacionaria muy rápida. Si no toma cartas en el asunto, esto drenará su dinero lentamente y sin que se dé cuenta.

Imagine tener solo una fuente de ingresos -su trabajo de 9:00 a 5:00- por el resto de su vida. La rapidez con la que alcanzará su meta económica final estará prácticamente estancada con solo una fuente de ingresos. Si eso es todo lo que tiene en el mundo de hoy en día, puede que no pueda ser exitoso, ¡o incluso sobrevivir!

No niego el hecho de que comprar una propiedad inmobiliaria da miedo y que los precios de éstas están muy por encima de nuestros presupuestos, pero ya que ellas se comportan como quieren, mirémonos a nosotros mismos y pensemos en qué podemos hacer al respecto.

Porque si no pensamos como estrategas, ¡solo seremos víctimas! Y las víctimas no se hacen millonarias, solo se lamentan y no piensan en formas de salir de los problemas. ¡Seamos estrategas e invirtamos!

Capítulo 20: Entendiendo el juego de Invertir en Inmuebles

Es hora de meternos en el "Juego de Inversiones en Inmuebles".

Eso es lo que es, un juego. Para algunos, relacionar las inversiones en bienes raíces con un juego agita una connotación negativa. En estas inversiones hay cantidades enormes de dinero, así que, ¿por qué nos referimos a ellas como un juego?

Pues la respuesta es simple. Muchos inversores se toman este negocio demasiado en serio y olvidan que las inversiones también deberían ser divertidas, como si jugaran. Percibir a este proceso como un deporte hará que lo veamos como algo menos intimidante y más divertido. ¿No está de acuerdo en que ganaremos más dinero si nos estamos divirtiendo?

Veamos algunas claves para entender el juego:

- Al igual que en un juego, ¡es usted contra sí mismo!

Recuerde que en cualquier juego está jugando contra usted mismo, así que la mayoría del tiempo, ¡usted es su peor enemigo! En las inversiones inmobiliarias esta clave es muy importante y, de hecho, se parece al tiro con arco: nunca tiene que ver con el campo, el clima o los demás participantes; solo depende de usted, como arquero, y de cómo controla sus emociones mientras apunta a su objetivo.

De forma similar, en las inversiones existen factores externos como el comportamiento "antojado" del mercado, sobre el que no tiene control alguno. Recuerde, siempre habrá algo que pueda hacer para mejorarse a usted mismo, y para analizar y controlar la situación.

- Las inversiones en bienes raíces son un maratón, no un sprint

Mientras que los sprinters deben maximizar el movimiento de cada músculo para mejorar su velocidad, los maratonistas deben maximizar estos movimientos para incrementar su resistencia. En un maratón, debe ir kilómetro a kilómetro y controlar su ritmo para llegar a la meta final. Hacer un sprint en inversiones inmobiliarias puede hacerle daño, ¡y tomará mucho tiempo recuperarse!

- **En cualquier juego debe existir un plan**

El error más grande que puede cometer un inversor es participar en un juego sin un plan estratégico. ¿Qué son estos planes? Eso será explicado en los capítulos siguientes, relacionados con comenzar a invertir, y que incluyen estrategias para jugar y ganar el juego.

Capítulo 21: Dos Boletos Dorados para ganar dinero Invirtiendo en Propiedades: Rentabilidad del Alquiler

Exploremos dos parámetros importantes de este tipo de inversión, que serán utilizados para evaluar el potencial de su negocio.

Antes de invertir en propiedades, debe entender dos boletos dorados para ganar dinero en las inversiones inmobiliarias: la rentabilidad de alquiler y las plusvalías.

El Santo Grial de los inversores en bienes raíces es entrar en un campo que prometa alta rentabilidad (altas plusvalías), retorno de alquiler formidable, y bajo mantenimiento y costos de administración.

En primer lugar, enfoquémonos en la rentabilidad o rendimiento de alquiler. La rentabilidad es una medida de los ingresos futuros de una inversión. Generalmente se calcula comparando cuánto efectivo produce un activo anualmente con un porcentaje del valor del activo en el mercado.

En el contexto de bienes raíces, el rendimiento es el ingreso del alquiler de un activo particular, que puede ser generado de dos formas: calculando el rendimiento bruto de alquiler o el rendimiento neto.

Para calcular el rendimiento bruto, aplicamos la siguiente fórmula: Alquiler anual / Valor en el mercado x 100. Por ejemplo:

Valor de la propiedad (mercado actual): $325,000; Alquiler mensual: $1800

Rentabilidad bruta de alquiler = (1800x12) / 325,000 x 100 = 6,6%

La rentabilidad bruta se usa más a menudo ya que le permite comparar propiedades con diferentes valores e ingresos de alquiler. Se puede expresar como un porcentaje del valor de la propiedad en el mercado, o su precio de compra.

Asegúrese de comparar manzanas con manzanas. Ya que el mercado inmobiliario fluctúa regularmente, es mejor calcular el rendimiento usando el valor del mercado.

Sin embargo, tome en cuenta que los rendimientos brutos solo le darán un porcentaje inicial, que se verá afectado por la deducción de gastos necesarios (instalaciones, mantenimiento y costos de evaluaciones anuales).

Pasemos al rendimiento neto. Éste se calcula de la siguiente forma: (Ingresos anuales de alquiler – Gastos anuales) / (Precio de compra de la propiedad) x 100. Por ejemplo:

Ingresos mensuales de alquiler: $1,500; costos mensuales de mantenimiento: $300; precio de compra de la propiedad: $200,000

Rentabilidad neta de alquiler = [(1500 x 12) – (300 x 12)] / 200,000 = 7,2%

El cálculo del rendimiento neto es particularmente útil a la hora de determinar su capacidad financiera dentro del campo de inversiones inmobiliarias. Le da una imagen más clara de su situación económica y le ayuda a saber si la inversión es sostenible.

Técnicamente, el rendimiento neto es una mejor medida cuando evaluamos retornos económicos, ya que toma en cuenta los gastos. Rentabilidades brutas altas no quieren decir necesariamente que su retorno de alquiler también será alto, ya que no consideran los gastos en los que tendría que incurrir.

Capítulo 22: Dos Boletos Dorados para ganar dinero Invirtiendo en Propiedades: Plusvalías

Las plusvalías incrementan el valor de activos fijos (inversiones o bienes raíces) a lo largo de un plazo, llegando a un valor más alto que el precio de compra. El aumento no se percibe hasta que se vende el activo.

Una plusvalía puede ser a corto (un año o menos) o a largo plazo (más de un año) y debe declararse en el impuesto sobre la renta. Las plusvalías también pueden ser un tipo de ganancia distinto, recibido de un activo, y al que se le refiere como "ingresos de inversión". Viene en la forma de flujo de caja o de ingresos pasivos que aumentan a la par de activos reales, como propiedades inmobiliarias; activos financieros, como acciones o bonos; y activos intangibles.

Ilustremos esto con un ejemplo de la vida real. En el 2011, Pedro invirtió $160,000 en un apartamento en el área de Miami. 2 años después, el valor de la unidad se apreció por al menos 100%, llegando a $325,000. Esto significa que el ROI de X, según las plusvalías, es de $165,000 en un período de 2 años.

La razón principal detrás de la apreciación del valor del activo fueron la cantidad limitada de unidades, y una locación estratégica que parecía ser un punto de concentración para retirados.

Existen varios factores que contribuyen a la apreciación del valor de un activo:

- Ubicación y disponibilidad de unidades
- Comodidades (supermercado, tiendas, centros comerciales, escuelas)
- Accesibilidad (distancia del centro de la ciudad, disponibilidad de transporte público)
- Desarrollo a futuro (planes futuros de desarrollo comercial y gubernamental)

Es obligatorio calcular los rendimientos de alquiler y las plusvalías, así como determinar las implicaciones financieras de una inversión en bienes raíces antes de hacer negocios.

Puede ser complicado, en especial si usted es un novato en el campo. Analice y entienda sus cifras, y después busque orientación profesional antes de tomar cualquier decisión importante.

Capítulo 23: El juego de la Inversión Inmobiliaria: Selección de Propiedades y Financiamiento

En este capítulo cubriremos uno de los factores más importantes del éxito en la inversión: la selección de la propiedad y financiación de su activo.

Este indispensable factor para un inversor exitoso y estratégico le hará fracasar o triunfar. Créalo o no, 9 de cada 10 inversores aficionados no toman la decisión correcta al elegir su propiedad, lo que les lleva a un financiamiento mediocre.

Existen dos elementos simples que considerar al seleccionar nuestros activos:

- Identificación de sus metas
- Identificación de su presupuesto

Determine si está adquiriendo la propiedad para utilizarla o para invertir en ella, ya sea a través de alquiler o de plusvalías.

Esto se hace estableciendo su presupuesto mensual. Solo compre lo que pueda costearse, ya que no queremos que sus gastos sobrepasen a sus ingresos.

Identifique sus ingresos brutos; el salario que recibe al final de cada mes. Por ejemplo, usted gana $5,000 al mes. Éste es su ingreso bruto, que no sufre ninguna deducción por gastos.

Después, identifique sus ingresos netos, los que sí incluyen deducciones mensuales por gastos. Digamos que éstas representan un 20% de su ingreso bruto, así que le dejaría con un ingreso neto de $4,000. Tome en cuenta que los bancos podrían evaluar sus solicitudes de préstamos según su ingreso bruto o neto.

Asumamos que la política del banco autoriza un préstamo de 30% con base en su ingreso bruto: usted obtiene $1,500 por su salario de $5,000. El mismo cálculo aplica para evaluaciones de préstamos basadas en ingresos netos.

Después de identificar su presupuesto mensual, tendrá una idea de lo que puede invertir. Muchos inversores primerizos pueden costearse una propiedad con su presupuesto mensual, pero olvidan considerar los costos de transacción iniciales, que incluyen otras tasas legales e impuestos fiscales.

Una regla general para asegurar que puede pagar las transacciones iniciales es ahorrar y preparar un presupuesto de alrededor del 4-5% del precio de la propiedad.

Asumiendo que el precio de su propiedad es de $500,000, tendría que preparar al menos $20,000-$25,000. Recuerde añadir unos $10,000-$20,000 para otras transacciones.

La siguiente pregunta es: ¿propiedades con terreno o edificios? Debe tomar en cuenta la locación de la propiedad ya que esto determina su accesibilidad y qué tan cerca está de comodidades como supermercados y colegios. Haga su elección.

Si quiere enfocarse en ingresos por alquiler, un edificio definitivamente generará más ingresos. Aunque una casa pueda costar más, no le garantiza ingresos mayores que un edificio y su condominio, por ejemplo.

Los inquilinos siempre buscarán conveniencia, ya sea en la forma de puestos de estacionamiento, buenos sistemas de seguridad o accesibilidad a vías importantes.

Si está buscando plusvalías, una propiedad con terreno sería una mejor inversión ya que los precios resisten mejor una depreciación, porque hay territorio de por medio.

Ahora, identifiquemos la hipoteca correcta para tener sus pagos al día:

- Préstamo a plazo estándar
- Hipotecas flexibles
- Paquete de seguros a plazo fijo

Primero, veamos el préstamo a plazo estándar. Ésta es su hipoteca básica, cuyo interés puede variar o tener una tasa fija, dependiendo de las tarifas de préstamo del banco.

La hipoteca flexible. Existen ciertas variantes disponibles que usualmente vienen en un paquete con una cuente corriente. Ésta permite varios tipos de prepago que pueden servir como un ahorro de intereses.

Por último, tenemos el paquete de seguros a plazo fijo. La tasa de interés de esta hipoteca se fija a lo largo del termino de la misma.

De las hipotecas mencionadas, sin importar cuál elija, intente no pedir un préstamo a un plazo de más de 20 años porque el pago de intereses puede ser muy grande. Mientras más corto sea su plazo, más rápido podrá pagar por sus inversiones.

Algo que se tiende a dejar de lado cuando elegimos la hipoteca correcta es el representante del banco que maneja la solicitud. Asegúrese de que esta persona tenga las siguientes características.

- Honestidad e integridad: le recomiendan la solución correcta, no la que les da mejores comisiones. Estas personas escucharán sus preocupaciones antes de proponer soluciones y no harán promesas que no puedan cumplir, como haría un vendedor común y corriente.
- Buenas conexiones: permite que quien lleva su caso pueda construir conexiones relevantes

con el equipo de crédito, tasadores y las autoridades del lugar de trabajo.

- También son inversores: ¿quién puede abogar mejor por su caso que otro inversor, que sabe exactamente cómo justificar su situación cuando las cosas se pongan feas?

Capítulo 24: Cómo comenzar su Plan de Inversión

En este módulo cubriremos los pasos para comenzar su inversión. Sabemos que está ansioso y emocionado.

Existen 3 pasos para iniciar su cartera de propiedades.

La regla general es revisar sus fondos. Necesita saber dónde está parado y hacer un inventario honesto de sus recursos. Esto le dará una idea de la cantidad de dinero que necesita tener disponible o cuánto le hace falta para comenzar a invertir.

Es vital que entienda todos los costos involucrados en adquirir y mantener una propiedad, especialmente si ésta es su primera vez invirtiendo en inmuebles.

Sin embargo, no asuma inmediatamente que no puede costearse una inversión. Muchas personas cometen este error y se rinden antes de comenzar el juego. Siempre y cuando tenga un trabajo estable y salario decente, y un historial de empleo sólido, no debería tener inconvenientes al adquirir un préstamo que le ayude a financiar sus inversiones.

Luego, debe administrar y presupuestar sus fondos. Es fácil caer en la trampa de una gestión económica mediocre cuando se es un inversor primerizo.

Para rastrear sus gastos sistemáticamente, organice un planificador de presupuesto o una base de datos que muestre claramente sus cifras. Una buena forma de administrar correctamente su dinero es subestimando sus ingresos y sobreestimando sus gastos para evitar sorpresas inesperadas.

Cerciórese de establecer su planificador de presupuesto antes de buscar propiedades en las que invertir. Valdrá la pena.

La creación de una gran fortuna con inversiones en bienes raíces le exige que se ponga metas personales, determine a dónde quiere llegar y cuánto tardará, y que formule un plan cohesivo para lograrlo.

Este plan será su forma de mantenerse en el juego. Debería enfocarse en el crecimiento o cantidad de ingresos que quiere alcanzar, y determinar en qué tipo de propiedad invertirá para poder alcanzar sus objetivos.

¡Así que planee su acción y ejecute su plan!

Capítulo 25: Invirtiendo Estratégicamente (Accionistas y Valores Clave)

Existen dos factores que deben considerarse para ser un inversor estratega de bienes raíces.

Primero, sus accionistas clave, quienes cumplen un rol fundamental al asegurarse de que invierta estratégicamente. Los accionistas son quienes, de una u otra forma, tienen un impacto sobre usted como inversor.

Como un inversor inteligente, es imposible que sepa todo ya que su tiempo y recursos son limitados. Por ello, necesita de un equipo que le ayude en este juego y que esté compuesto por:

- **Vendedores:** Quienes buscan compradores de inmuebles, desde desarrolladores de propiedades hasta propietarios
- **Compradores:** Particulares que quieren comprar una propiedad

- **Abogados:** Tienen la responsabilidad de salvaguardar sus derechos legales y facilitar la transferencia de sus propiedades
- **Tasadores:** Ellos trabajan detrás de bastidores para informar a los bancos sobre el valor necesario de un activo
- **Agentes:** Individuos licenciados en bienes raíces que tienen el derecho de reclutar y registrar a sus equipos. Son los verdaderos expertos en inmobiliaria y sirve como intermediarios entre vendedores y compradores.

En segundo lugar, tenemos 3 valores que todo inversor inmobiliario debería practicar: sostenibilidad, responsabilidad y colaboración.

Primero debe entender que el mercado inmobiliario es como un ecosistema. Las decisiones que tome afectarán la sostenibilidad de todo el mercado. Sabemos que los inversores quieren ganar tanto como puedan en el menor tiempo posible, pero no deje que esto le obligue a tomar decisiones que pongan en riesgo la armonía del sistema.

Debemos hacernos responsables de nuestras acciones a la vez que generamos ganancias invirtiendo. Muchos de los que se sumergen en las inversiones inmobiliarias son derrotados por la codicia, el miedo y la sobreexcitación, lo que los lleva a querer acumular tantas propiedades como puedan, sin importar lo que haga falta.

Un ecosistema inmobiliario armonioso solo puede alcanzarse si todos los inversores colaboran conscientemente para invertir éticamente y preservar el futuro del mercado. Debemos ayudarnos entre todos para alcanzar las metas económicas de cada uno.

Capítulo 26: Las Ventajas de las Inversiones Inmobiliarias

En este juego la ventaja principal es el aprovechamiento, en el buen sentido. Como explicamos en módulos anteriores, usted puede comprar un activo sin preocuparse por emplear su propio dinero; tiene el privilegio de utilizar el dinero del banco en la forma de préstamos.

También puede aprovechar la experiencia de otros a la hora de evaluar los riesgos de su inversión. Por ejemplo, los agentes de bienes raíces son ojos y orejas en el mercado inmobiliario, ¡ya que ellos son los expertos en el campo!

Si quiere ser exitoso, asegúrese de tener un agente al alcance.

La siguiente ventaja es que, si se elige correctamente, una propiedad puede ser una cobertura contra la inflación. La clave para ganar dinero durante una crisis inflacionaria es teniendo inversiones que incrementen su valor con el tiempo a una tasa mayor que la de la inflación.

Esto también ocurre en el caso del alquiler. Así como el valor de la propiedad aumenta con la inflación, también pueden hacerlo los montos que pagan los inquilinos, permitiendo que la propiedad vaya a la par de las fluctuaciones económicas.

Otra ventaja de invertir en bienes raíces es que es de gran ayuda para inversores primerizos, especialmente para propietarios, ya que puede haber deducciones de impuestos.

Cada año, millones de propietarios pagan más impuestos por su alquiler de lo que deberían. ¿Por qué?

Porque no reconocen y aprovechan todos los beneficios fiscales que tienen como propietarios inmobiliarios. Pueden descontar pagos de intereses de hipotecas en los mismos préstamos que se usaron para adquirir o mejorar la propiedad, así como deducir el interés de tarjetas de créditos en favor de bienes y servicios usados en actividades de alquiler.

Capítulo 27: Los Riesgos de las Inversiones Inmobiliarias

Existen 3 riesgos principales asociados a las inversiones en bienes raíces.

El primero son las transacciones de propiedad. El intercambio de propiedad puede ser muy complicado y tomarse al menos 3-4 meses para finalizar. La cantidad de documentación legal necesaria, especialmente sobre préstamos, debe ser considerada. Tomará incluso más tiempo si tiene que lidiar con propiedades de arrendamiento ya que necesita la autorización del estado.

Por ejemplo, si quiere vender su propiedad en junio, ¡debería estar más que feliz si la transacción concluye antes de diciembre! Esto puede ocasionar problemas en casos en los que deba vender la propiedad con urgencia, debido a alguna emergencia con su negocio, muerte de familiares o un divorcio.

Esto demuestra que la propiedad inmobiliaria no es un activo líquido y no podrá tener su dinero en un plazo corto de tiempo. Las propiedades pueden tardar en venderse ya que el precio fluctúa y depende del mercado.

Esto podría ocasionar una pérdida significativa para el propietario en el valor subyacente del activo. Particularmente durante crisis económicas, muchos inversores se enfrentan a dificultades económicas porque han usado la mayoría de sus fondos en una inversión en bienes raíces que no se pudo vender, o se vendió a un precio mucho menor.

El otro riesgo está asociado a las propiedades de alquiler. Es posible que no pueda rentar una propiedad inmediatamente después de adquirirla, ya que buscar inquilinos potenciales puede tomar tiempo y, si éste es el caso, podría tener incurrir en costos extra como pagos de hipoteca o mantenimiento de propiedad.

Hablando realistamente, este período podría ser difícil debido a la falta de ingresos.

Por último, también podría haber momentos en los que tenga que pagar discrepancias entre sus ingresos por alquiler y el costo de la hipoteca, donde los primeros sean menores que el segundo.

Capítulo 28: Invierta ya con I.N.V.E.S.T.

Finalmente alcanzamos el capítulo final del módulo de inversiones inmobiliarias. Seguramente los anteriores le han dado más confianza en usted mismo y le han armado con estrategias para cultivar su cartera de inversiones en bienes raíces.

Ahora, ¡toda esta información tendría poco sentido si no la utiliza para algo! Así que este módulo le recapitulará los anteriores y le dará unos simples pasos para comenzar a invertir con el acrónimo inglés **I.N.V.E.S.T.**

I para "Identify". Primero tenemos que identificar nuestros recursos y capacidad financieras. El paso más grande antes de llegar a algún lugar es saber dónde se está parado y hacer un inventario honesto de los recursos disponibles. Como se dijo en módulos anteriores, necesitará de al menos $50,000 para comenzar a invertir en bienes raíces. Unos buenos ingresos y un plan de ahorros serán los pilares de su habilidad de financiar sus propiedades.

N para "Narrow down your choices", o limitar nuestras opciones. Después de calcular y acumular nuestro capital, y de identificar un área de preferencia que podamos costear, solo tenemos que decidir entre propiedades con terreno o edificios. Tome en cuenta que cada activo tiene posibilidades distintas de generación de ingreso, plusvalías características de préstamo.

V para "Visualize": visualizar nuestras metas después de limitar nuestras alternativas, tomando en cuenta la accesibilidad de nuestros objetivos y el tiempo necesario para alcanzarlos. Cuando hayamos decidido saltar en el juego de inversiones inmobiliarias, debemos mantenernos actualizados y tener una meta por la cual trabajar.

Las metas necesitan un plazo. Establecer una fecha tope nos dará una sensación de urgencia a la hora de perseguirlas. Por ejemplo:

- Meta a largo plazo: "Me gustaría tener 10 condominios completamente pagados para cuando me retire en 20 años"

- Meta a corto plazo: "Tengo que comprar una propiedad (una casa con terraza) para finales de año"

E para "Estimate your ROI". Después de establecer nuestras metas y el tiempo en el que las alcanzaremos, debemos evaluar nuestro Retorno de Inversión considerando nuestros rendimientos de alquiler o plusvalías. Cuál método utilizar, como se dijo en capítulos anteriores, depende de nuestros objetivos.

S para "Selection". Después de identificar nuestros recursos, limitar nuestras opciones y visualizar nuestras metas, seleccionaremos nuestro plan de juego, que debe incluir:

- Alinear nuestra compra con nuestras metas (objetivos y tiempo para alcanzarlos)
- Enfocarnos en rendimiento de alquiler (inversiones de mediano a largo plazo) o plusvalías (de corto plazo)
- Seleccionar y asegurar la hipoteca correcta (préstamo a plazo estándar, hipotecas flexibles o un paquete de seguros a plazo fijo)) pero

siempre considerando no pedir un préstamo con plazo de más de 20 años.

Por último, **T** para "Take action". Actuaremos para determinar el éxito de nuestro plan en este juego de inversiones. Recuerde, "no tiene que ser grande para comenzar, pero tiene que comenzar para ser grande".

Capítulo 29: Conclusión - Cómo Ser Económicamente Libre

Ahora que conoce las estrategias y tácticas para invertir en tres vehículos distintos (oro y plata, empresas y bienes raíces), viene la parte de ponerlas en acción.

Así que, antes de terminar este libro, ¡veamos 4 consejos finales para impulsar su fortuna!

Consejo #1: Evalúe la dinámica de todos los vehículos de inversión

Para hacer esto, debe conocer a fondo la dinámica de cada vehículo. A continuación, verá algunas indicaciones para tomar en cuenta:

- ¿Funciona el vehículo a corto, mediano o largo plazo?
- ¿Cuál es el presupuesto de cada uno?
- ¿Cuál es la tasa de retorno de cada uno?

Consejo #2: Identifique su inversión de preferencia

Este punto sirve para elegir el tipo de inversión que se adapte a su situación:

- ¿Estoy interesado en una inversión a corto, mediano o largo plazo?
- ¿Mi presupuesto cubre el vehículo de inversión que quiero utilizar?
- ¿Me satisface su tasa de retorno?

Consejo #3: Diversifique su inversión

Después de evaluar el vehículo de inversión que utilizará, querrá diversificar su inversión a varios vehículos simultáneos. Esto amplía sus opciones y esparce el riesgo potencial.

Consejo #4: ACTÚE

Después de hacer lo anterior, ¡debe ACTUAR! Como mencionamos en los módulos de los vehículos de inversión, ¡esto es lo que los inversores exitosos hacen!

¡Finalizó lo que comenzó! Felidades. Gracias por su tiempo y por leerr todos los capítulos de este libro.

Esta información no solo le ha dado una perspectiva sobre invertir en oro y plata, empresas y bienes raíces, sino que le hizo saber qué es mejor para usted.

Recuerde, actúe y nos veremos en el lado de los ganadores.

www.ingramcontent.com/pod-product-compliance
Lightning Source LLC
Chambersburg PA
CBHW070144230526
45471CB00002B/511